Hafenkante

Das urbane Gutscheinheft mit Fitness- und Sportgutscheinen zum Selbstausfüllen

Die Hafenprinzessin

Dieses Gutscheinbuch ist für:

_____

Es wird dir geschenkt von:

_____

Bitte löse es in folgendem Zeitrahmen ein:

◯   1 Jahr   ◯   2 Jahre   ◯   unbegrenzt

Impressum

Verantwortlich

Christian Flick / Mathias Weber

youneo projects flick und weber GbR, Poststraße 1, 49326 Melle

info@youneoprojects.de, www.youneoprojects.de

Herstellung und Verlag

BoD - Books on Demand, Norderstedt

Bildquellen

© g-stockstudio/shutterstock (Cover), ddok/shutterstock, jnumber9/shutterstock

Hafenprinzessin® ist eine eingetragene Marke der youneo projects flick und weber GbR.

ISBN: 9783748129493

Du bist deine eigene Motivation!

Gutschein

für 1 x Hanteltraining (Kurz-
und Langhanteltraining)

Du bist deine eigene Motivation!

Gutschein

für 1 x Lauftraining

Du bist deine eigene Motivation!

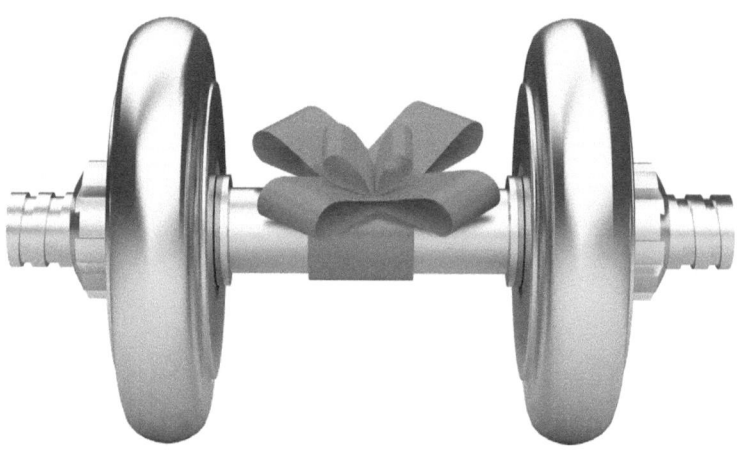

Gutschein

für 1 x Ausdauertraining

Du bist deine eigene Motivation!

Gutschein

für 1 x Maximaltraining nach
Gewicht und Zeit

Du bist deine eigene Motivation!

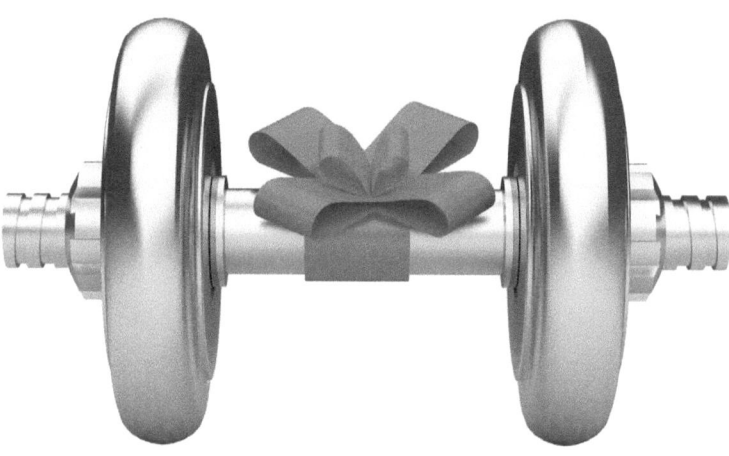

Gutschein

für 1 x Fitnessplan erstellen

Du bist deine eigene Motivation!

Gutschein

für 1 x Fitnessflasche deiner Wahl

Du bist deine eigene Motivation!

Gutschein

für 1 x Nahrungsergänzung
deiner Wahl (als Vorratsdose)

Du bist deine eigene Motivation!

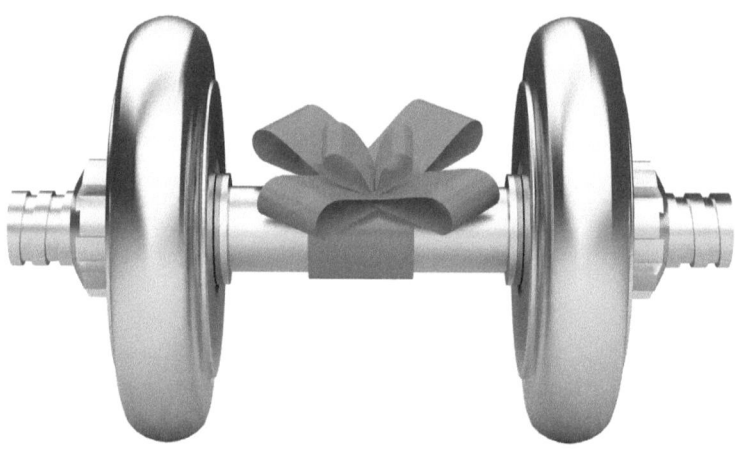

Gutschein

für 1 x Eiweißdrink deiner
Wahl (im Studio)

Du bist deine eigene Motivation!

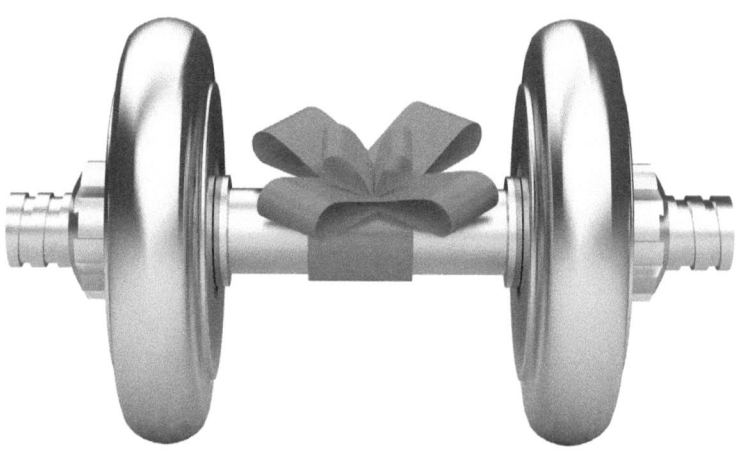

Gutschein

für 1 x Erfrischungsgetränk
deiner Wahl (im Studio)

Du bist deine eigene Motivation!

Gutschein

für 1 x Fitness ausfallen
lassen (mit Ausrede)

Du bist deine eigene Motivation!

Gutschein

für 1 x

_____

_____

Du bist deine eigene Motivation!

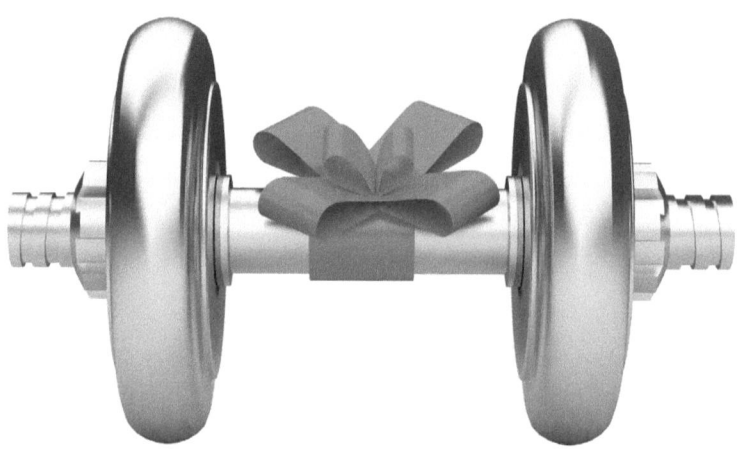

Gutschein

für | x

Du bist deine eigene Motivation!

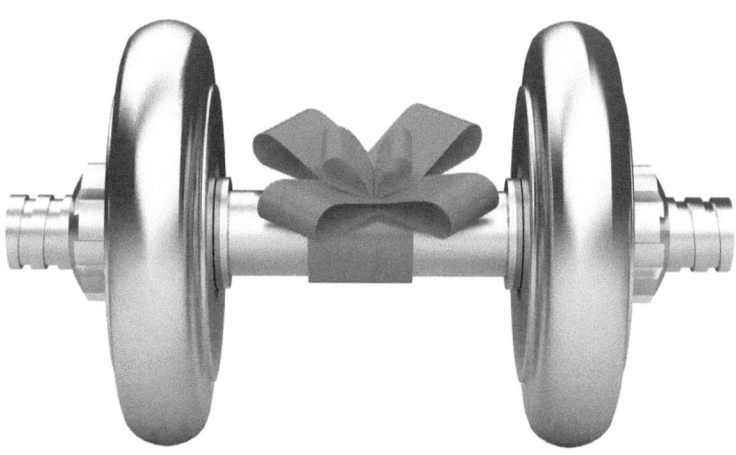

Gutschein

für 1 x

_____

_____

Du bist deine eigene Motivation!

Gutschein

für | x

_____

_____

Du bist deine eigene Motivation!

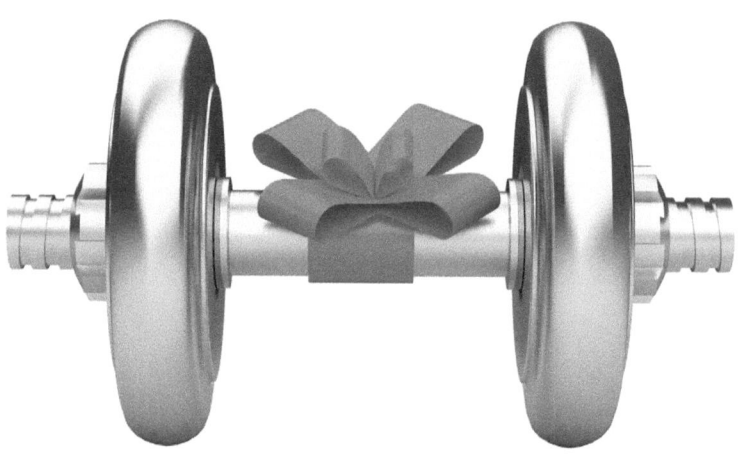

Gutschein
für 1 x

Du bist deine eigene Motivation!

Gutschein

für | x

Du bist deine eigene Motivation!

Gutschein

für | x

Du bist deine eigene Motivation!

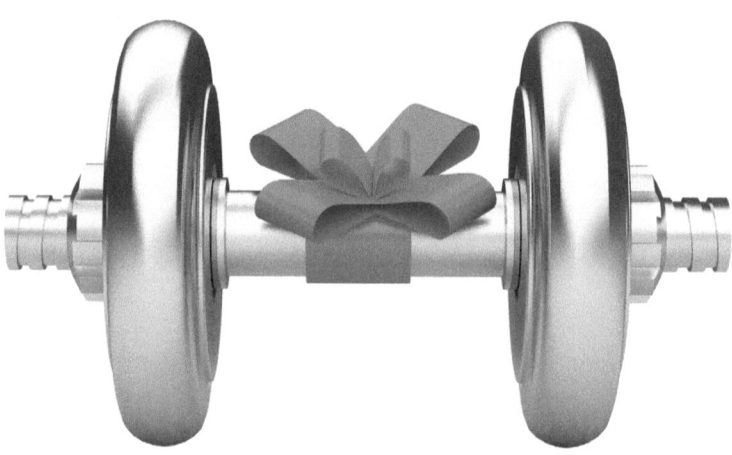

Gutschein

für 1 x

Du bist deine eigene Motivation!

Gutschein

für | x

Du bist deine eigene Motivation!

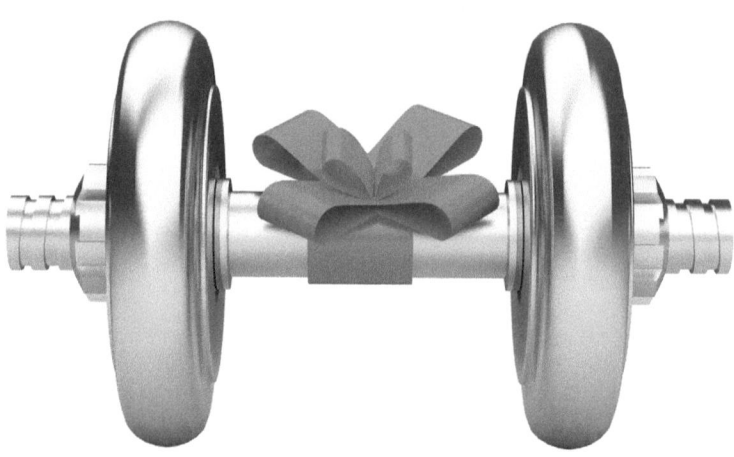

Gutschein

für | x

Du bist deine eigene Motivation!

Gutschein

für 1 x

Du bist deine eigene Motivation!

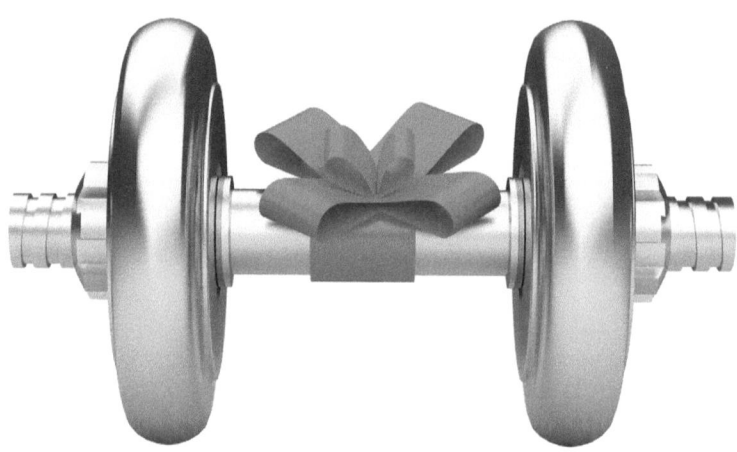

Gutschein

für 1 x

_____

_____

Du bist deine eigene Motivation!

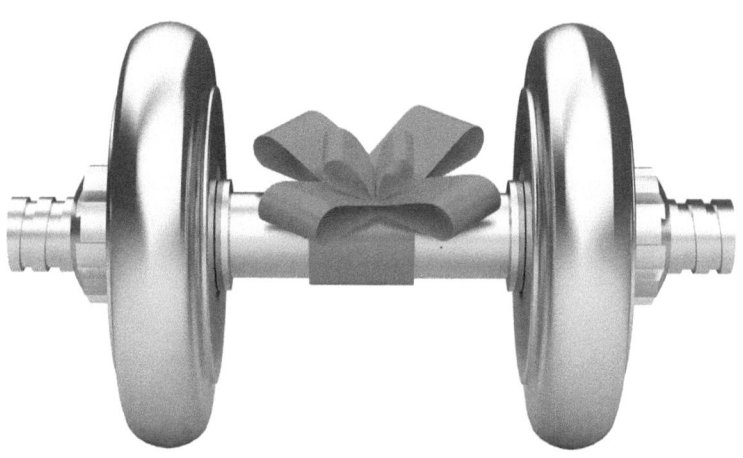

Gutschein
für | x

Du bist deine eigene Motivation!

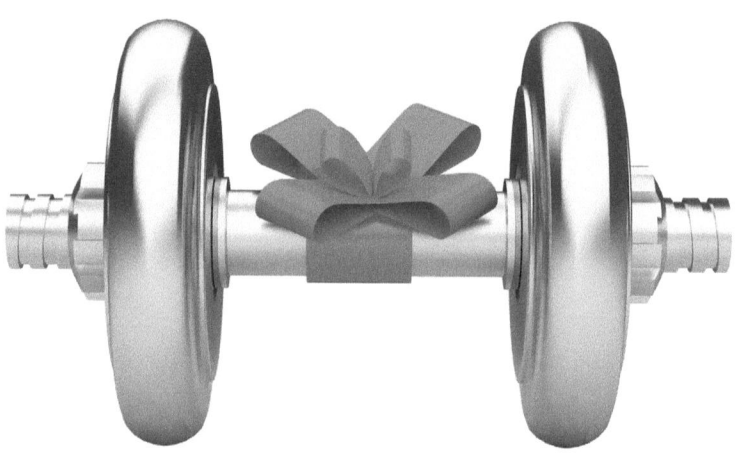

Gutschein

für | x

Du bist deine eigene Motivation!

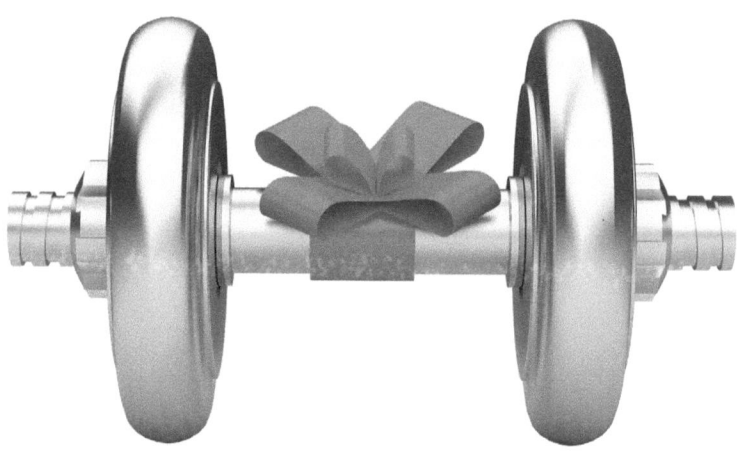

Gutschein
für 1 x

Du bist deine eigene Motivation!

Gutschein
für | x

_____

_____

Du bist deine eigene Motivation!

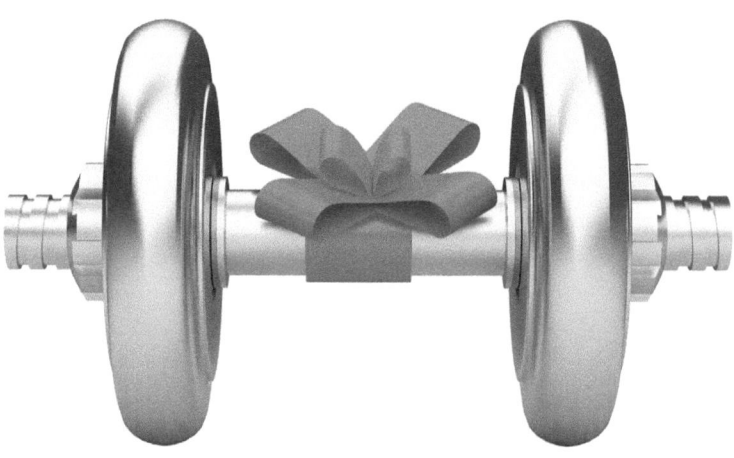

Gutschein

für 1 x

Du bist deine eigene Motivation!

Gutschein
für 1 x

Du bist deine eigene Motivation!

Gutschein

für 1 x

_____

_____

Du bist deine eigene Motivation!

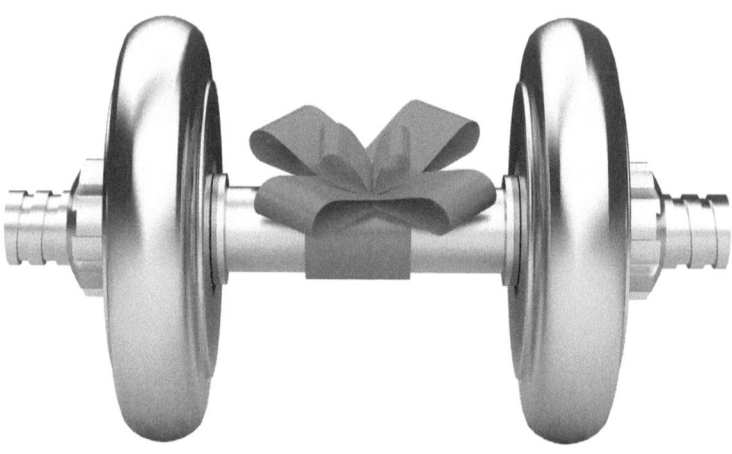

Gutschein

für | x

Du bist deine eigene Motivation!

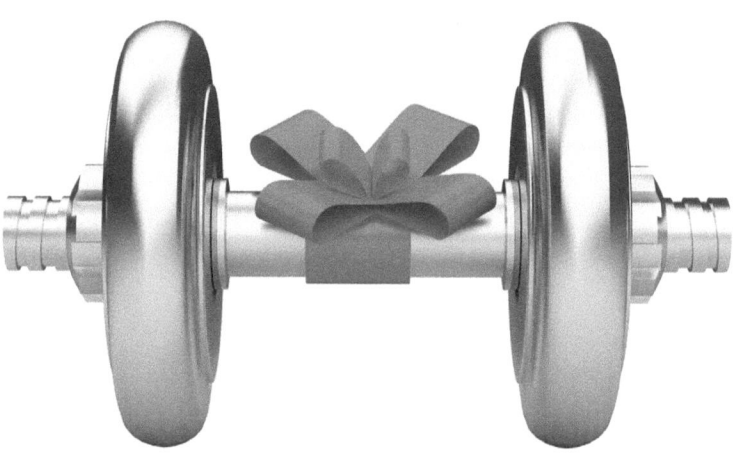

Gutschein

für 1 x

Du bist deine eigene Motivation!

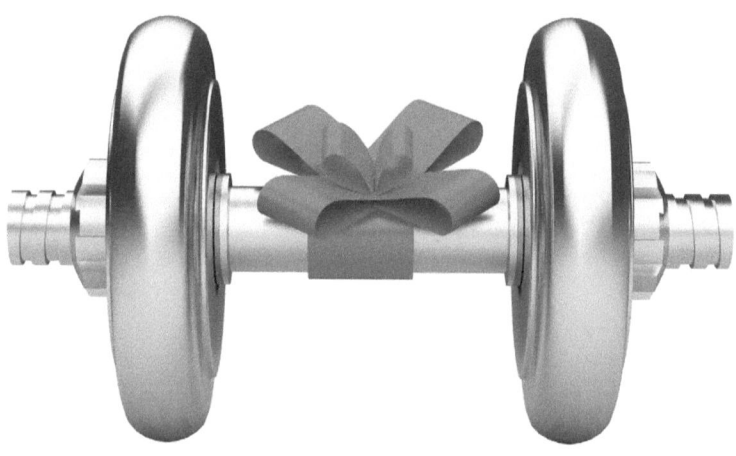

Gutschein

für | x

_____

_____

Du bist deine eigene Motivation!

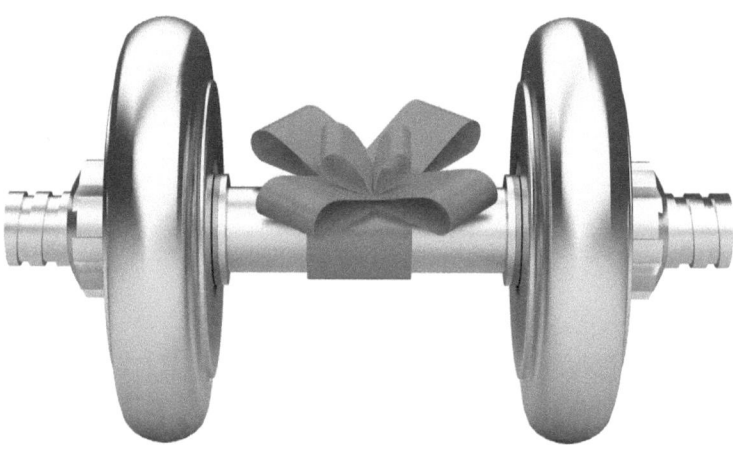

Gutschein
für 1 x

_____

_____

Du bist deine eigene Motivation!

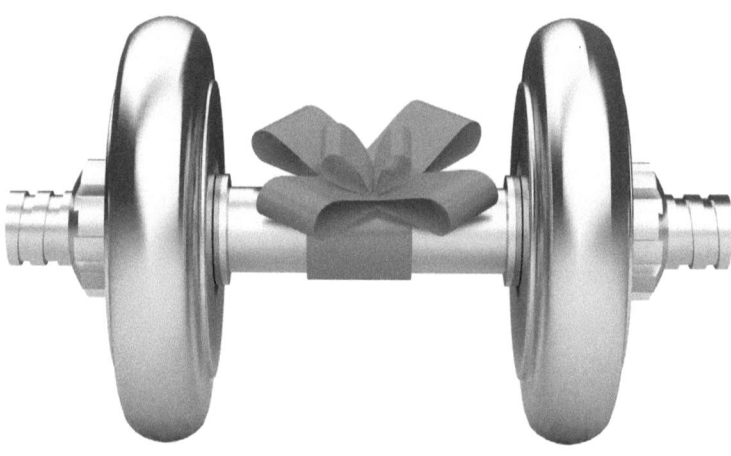

Gutschein

für | x

Du bist deine eigene Motivation!

Gutschein

für 1 x

Du bist deine eigene Motivation!

Gutschein

für 1 x

Du bist deine eigene Motivation!

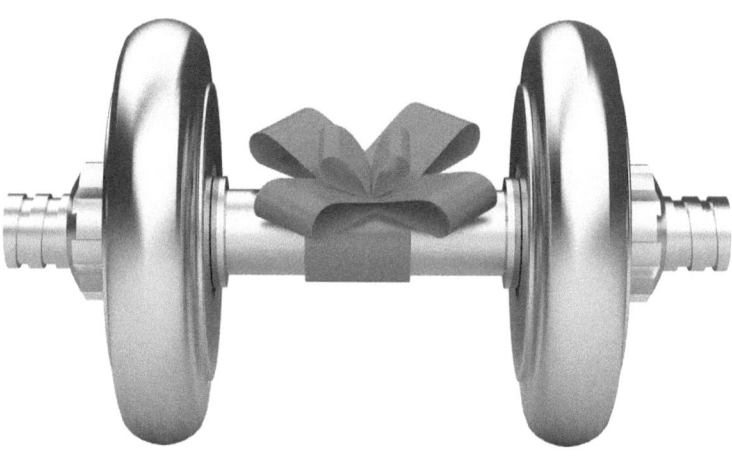

Gutschein

für 1 x

Du bist deine eigene Motivation!

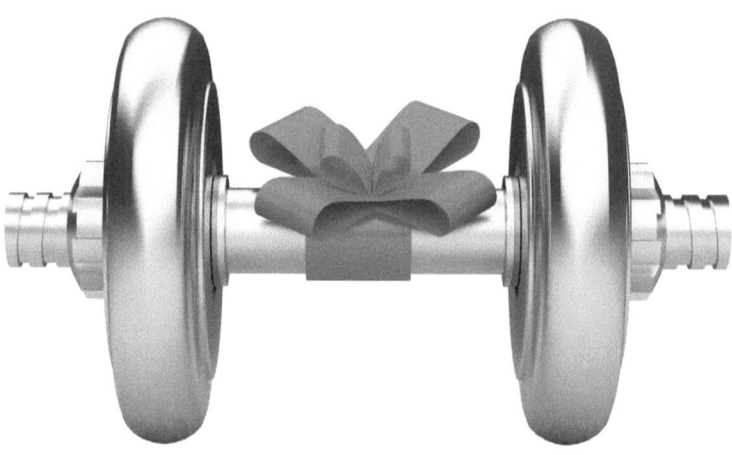

Gutschein

für 1 x

Du bist deine eigene Motivation!

Gutschein

für 1 x

_____

_____

Du bist deine eigene Motivation!

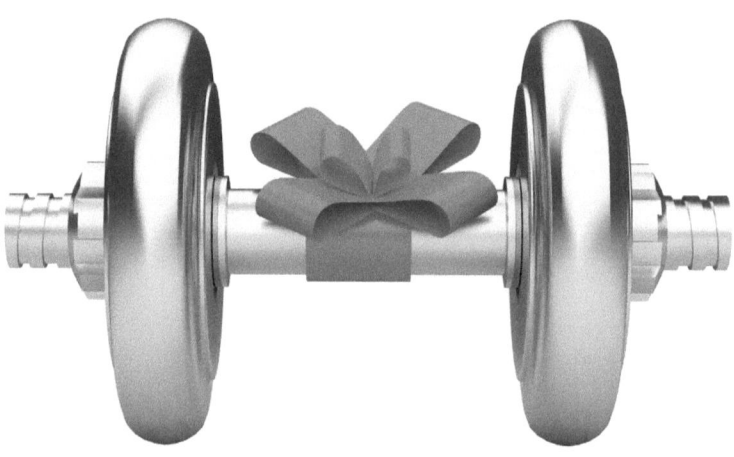

Gutschein

für | x

Du bist deine eigene Motivation!

Gutschein

für | x

Du bist deine eigene Motivation!

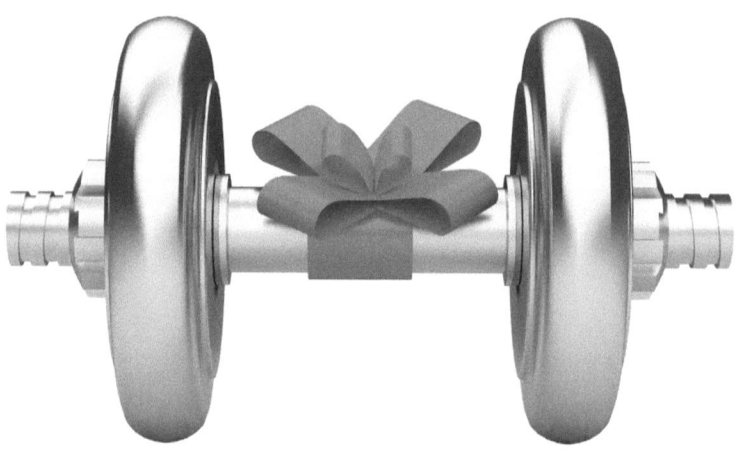

Gutschein

für | x

Du bist deine eigene Motivation!

Gutschein

für 1 x

Du bist deine eigene Motivation!

Gutschein

für 1 x

_____

_____

Du bist deine eigene Motivation!

Gutschein

für | x

Du bist deine eigene Motivation!

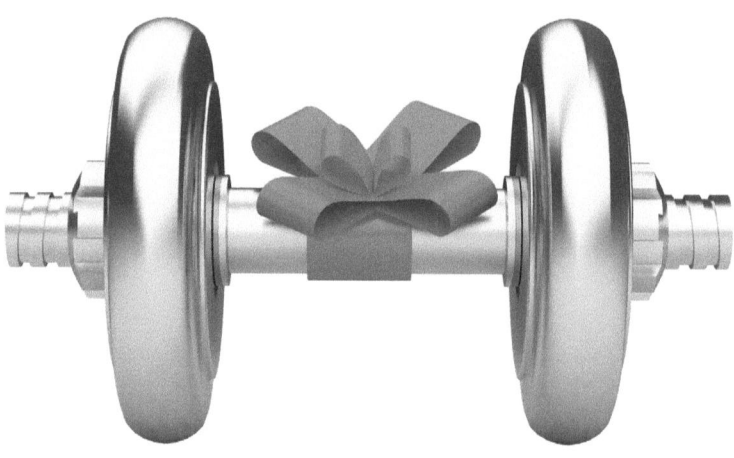

Gutschein
für 1 x

Du bist deine eigene Motivation!

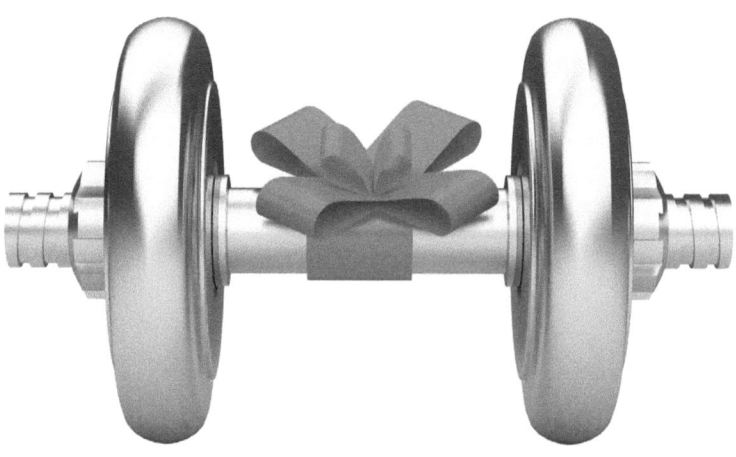

Gutschein

für | x

Du bist deine eigene Motivation!

Gutschein
für 1 x

Du bist deine eigene Motivation!

Gutschein

für 1 x

Du bist deine eigene Motivation!

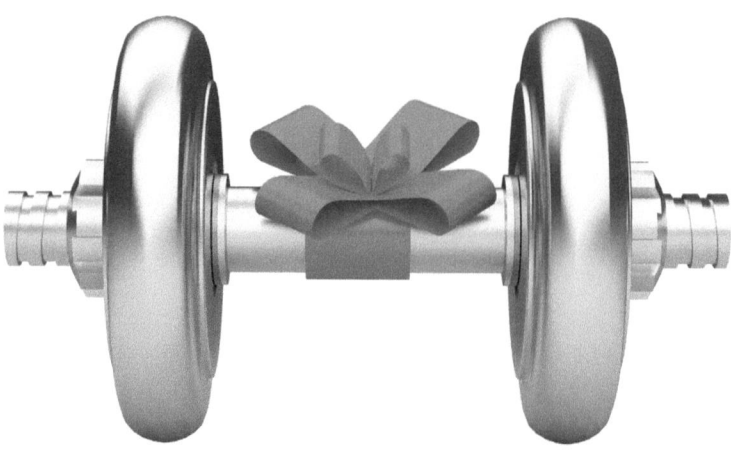

Gutschein

für | x

_____

_____

Du bist deine eigene Motivation!

Gutschein

für | x